Heloisa Pires Lima

Histórias da Preta

Ilustrações
Laurabeatriz

3ª edição

Fundação Nacional do Livro Infantil e Juvenil

FNLIJ
ALTAMENTE RECOMENDÁVEL

Companhia das Letrinhas

Grafia atualizada segundo o Acordo Ortográfico da Língua Portuguesa
de 1990, que entrou em vigor no Brasil em 2009.

Capa e projeto gráfico:
Hélio de Almeida

Assessoria editorial:
Heloisa Prieto

Preparação:
Denise Pegorim

Atualização ortográfica:
2 estúdio gráfico

Revisão:
Ana Luiza Couto

Dados Internacionais de Catalogação na Publicação (CIP)
(Câmara Brasileira do Livro, SP, Brasil)

Lima, Heloisa Pires
    Histórias da Preta / Heloisa Pires Lima ; ilustrações
Laurabeatriz. — 3ª ed. — São Paulo: Companhia das
Letrinhas, 2023.

    ISBN 978-65-81776-66-4

    1. Literatura infantojuvenil 2. Negros —
Literatura infantojuvenil I. Laurabeatriz. II. Título.

23-141460   CDD-028.5

Índices para catálogo sistemático:
1. Literatura infantil 028.5
2. Literatura infantojuvenil 028.5

Inajara Pires de Souza — Bibliotecária — CRB PR-001652/O

3ª edição
4ª reimpressão

Todos os direitos desta edição reservados à
EDITORA SCHWARCZ S.A.
Rua Bandeira Paulista, 702, cj. 32
04532-002 – São Paulo – SP – Brasil
☎ (11) 3707-3500
www.companhiadasletrinhas.com.br
www.blogdaletrinhas.com.br
/companhiadasletrinhas
@companhiadasletrinhas
/CanalLetrinhaZ

FSC
www.fsc.org
MISTO
Papel | Apoiando
o manejo florestal
responsável
FSC® C112738

A marca FSC® é a garantia de que a madeira utilizada na fabricação do
papel deste livro provém de florestas que foram gerenciadas de maneira
ambientalmente correta, socialmente justa e economicamente viável,
além de outras fontes de origem controlada.

Esta obra foi composta em ITC Berkeley Oldstyle Std e impressa em ofsete pela Lis Gráfica
sobre papel Couché Matte da Suzano S.A. para a Editora Schwarcz em fevereiro de 2025

Sumário

A Preta se apresenta

Fazia muito frio. Eu precisava pôr a luva, o casaquinho marrom de lã e o gorrinho vermelho que se espichava num cachecol. Toda manhã, na hora de ir para o colégio, era preciso cobrir a pele já rachada pelo vento frio e seco. O pior era o nariz que grudava gelado no vidro da janela embaçada, olhando a geada que transformava meu quintal em cristal.

Ao anoitecer, era da mesma janela que eu via as estrelas andarem e às vezes correrem de luas gigantes. As noites muito escuras traziam as nuvens de vaga-lumes. Pisca aqui, pisca ali, num rastro de puro encantamento. Lembro do meu olhar saindo detrás do vidro da casinha toda verde da rua chamada Serra Azul, com meu nariz sempre à frente e meus pés que não pararam de descobrir ruas novas. Cresci uma menina igual a todas as meninas e diferente de todas as outras. Desse jeito sou eu com minha história, nesta história com todos os tamanhos que couberem neste livro.

Eu sou a Preta. Era minha madrinha, a tia Carula, uma irmã querida de minha mãe, quem me chamava assim. Ela sempre chegava com um lencinho na cabeça e uma sacola de palha cheia de novidades, que eu abria sentindo cheirinho de boneca nova, de joguinhos para brincar, de roupa bonita, de livrinhos de história com perfume de papel colorido.

— Preta, vim te buscar!

As férias traziam com ela flores que eu nunca tinha visto e montanhas onde o mundo ficava embaixo, depois das nuvens. Numa dessas vezes, esqueci minha cordinha de pular em cima de uma pedra. Ficava triste lembrando dela sem mim, sozinha. Às vezes imagino que ela está lá até hoje.

Mas o melhor de tudo eram os aniversários, quando a tia chegava para ajudar minha mãe a preparar delícias.

— Preta, olha o bolo, os pastéis, a calça-virada, a cuca e os canudinhos que fiz pra ti!

Porém, o grande amor que nascia do coração de tia Carula ficou principalmente na minha lembrança de certos dias tristes em que ela chegava com sua sacolinha de carinhos. E só ela sabia me chamar de Preta desse jeito que ficou tão doce. Olha que engraçado: quando outros diziam que eu era preta eu achava estranho.

— Eu não sou preta, eu sou marrom. Cor de doce de leite, como a canela, como o chocolate, como brigadeiro. Cor de telha, cor de terra. Eu sou assim... da cor dos olhos dos meus pais!

E fui aos poucos descobrindo que eu era a Preta marrom, uma menina negra. Ser negra é como me percebem? Ou como eu me percebo? Ou como vejo e sinto me perceberem? Tenho um amigo que só às vezes é preto. Que *fica* preto quando vai à praia no verão. Mas ser negro é muito mais do que ter um bronze na pele.

Como é, afinal, ser uma pessoa negra? Eu só respondo quando responderem como é que é ser uma pessoa que não é negra.

Uma vez, sentei debaixo da parreira de uva, na casa da vó Lídia. Fiquei olhando para o alto, as bolinhas cheias de suco por dentro. Eram muito saborosas (quando eu não descobria formigas entre os gomos). A vó Lídia sempre ficava por ali, arrumando suas plantinhas, enchendo o mundo com cheiro de terra molhada. Nossa conversa era ela perguntar pouco e eu responder pouquinho. Mas tinha um amor que grudava a gente, uma na outra. Lá estava ela, a linda avó negra, cabelo branquinho, olhos serenos, mãos fortes e uma perna manca. E aí eu perguntei:

— Vó, quem inventou a cor das pessoas?

Isso eu perguntei porque havia aprendido que uns são amarelos, outros brancos e outros vermelhos. Ela disse:

— Eu só respondo se tu me disser quem inventou o nome da cor das pessoas.

Eu fiquei lá, pensando e chupando uva, e ela continuou plantando suas sementes.

Dizem que sou *afro* — etiqueta para todos ou tudo o que é parecido com algo ou alguém da África. *Euro* é a etiqueta para semelhanças europeias. E outros continentes, que etiquetas recebem?

Afro tem em todos os países. Por exemplo, existem os afro-brasileiros, os afro-americanos, os afro-cubanos, os afro-franceses. Será que tem afro-sueco? Enfim, é o seguinte: *afro* vem de se ter uma origem africana.

Desde a época em que minhas pernas ficaram compridas e meu peito parecia um balão que se enchia, fui aprendendo que trago dentro de mim um pouco do que meus pais e avós e bisavós, trisavós, tataravós e... — depois eu não sei mais como chama — foram. É assim: para nascer é preciso duas origens, ou seja, o lado da mãe e o lado do pai. Cada um traz um monte de origens. O lado do pai traz as origens da parte de seu pai e as da parte de sua mãe. O lado da mãe, por sua vez, também carrega a parte de seu pai e a parte de sua mãe. Todo o mundo nasce carregado de origens.

E, se é assim, então quantas origens carrego dentro de mim? Quantas sementes?

Também tenho parentes alemães por parte da minha outra vó, clara, casada com meu avô que diziam ser cafuzo, meio africano, meio indígena guarani de ascendência charrua. Que confusão! Outro dia eu conversei com um amigo loiro cuja mãe sempre conta com orgulho que sua avó era negra. Nos entreolhamos sorrindo. Eu, negra descendente de alemães, e ele, loiro descendente de crioulos. Ninguém acredita!

Mas a origem africana está na cara. E também no coração. Ser africano é diferente de ser italiano ou francês. A África não é um país, mas um continente com muitos países, e cada qual com etnias diferentes. Então, em quantos lugares da África eu tenho origens?

E mais: se todo o mundo voltar no tempo e no espaço de sua história, vai descobrir que onde o bicho homem virou gente foi na África. Foi no continente africano que encontraram o fóssil humano considerado até agora o mais antigo do planeta, com mais de 40 mil anos de idade. É dessa gente antiga que todo o mundo descende.

Mas, ainda que todo o mundo seja africano na origem, nem todo o mundo é visivelmente negro hoje em dia. É um quebra-cabeça, essa história. E, como eu não quero quebrar a minha, prefiro colar os pedaços que conheço.

9

[1]

África

A África é negra
ou
muito colorida?

LEMBRAR A ÁFRICA!

Em todos os cantos do mundo há belezas. Acho que quando penso nos povos orientais minha lembrança é esta: como são leves! (Menos quando me lembro das lutas de sumô.) Os povos polares, ou seja, do polo norte, o que nos lembram, além de sorvete gelado e ursinho de pelúcia? Um mundo cristalino, o menos poluído de todos. (Será?) Mas a África é uma lembrança em que vibram várias cores eletrizantes: parecem somar um calor como o do sol com uma força que vem de dentro da terra.

Tive e tenho ainda uma amiga — Lia — que adora ler. Lia sempre lia de tudo, e eu prestava muita atenção quando ela me contava sobre o que os africanos faziam, pintavam e bordavam. Fui crescendo com Lia, que me ensinou a escutar e a sonhar e às vezes a ter pesadelos com essas histórias. Às vezes líamos juntas. Depois comecei a ler de tudo, até que virei uma Lia. E Lia agora escreve livros.

Foi assim que aprendi que são muitos os povos que preenchem aquele continente, e todos ricos em histórias. Vou contar algumas que já conheço. Mas primeiro quero mostrar que a África tem muitas etnias, isto é, muitos jeitos diferentes de ser num mundo aparentemente igual. São centenas de etnias distribuídas entre as dezenas de países.

Depois de mil e uma noites e dias de histórias sobre a África, entendi que por muito tempo os livros diminuíram alguns povos chamando-os de tribos, por exemplo: tribos africanas, tribos indígenas, tribos orientais etc. Os autores desses livros costumavam dizer que certos grupos (as "tribos") eram desorganizados, atrasados — e concluíam que o deles mesmos é que era o melhor.

Então, a partir de certo momento, uns moços pesquisadores foram viver entre populações indígenas e resolveram escrever livros que perguntavam aos autores antigos qual sociedade era a mais desenvolvida: a) a que tinha neuróticos executivos de empresas que poluíam muito o planeta; ou b) aquela em que as mulheres faziam seu trabalho em equilíbrio com o trabalho feito pelos homens, que encontrava nos rios uma fonte de alimentação e lazer, que respeitava a natureza ao redor, pois tinha consciência de que precisava dela.

Então, em vez de se dizer que uma sociedade era mais evoluída do que outra, entendeu-se que uma podia ser mais desenvolvida em certos pontos e em outros, não.

Aprendi uma vez que a palavra *etnia* diz que os povos e as sociedades são apenas diferentes entre si; não diz que um é inferior ao outro. Mesmo assim, achei a palavra esquisita. Então, corri atrás do sentido dado a ela e descobri outra história. (Afinal, eu não paro de ser curiosa.)

As palavras sempre têm sentido. *Etnia* pode parecer que não tem, mas tem sim. Lembra a história dos muitos sentidos que podem ser dados a uma mesma palavra? Na Grécia antiga usava-se o termo *ethnos*, que, parece, queria dizer *povo* — mas somente o povo que não pertencia à cidade, ou seja, os não cidadãos, que eram tratados como bando. Para os gregos antigos, então, *ethnos* eram os alienígenas (que significa *estrangeiro* e é o contrário de *indígena*, isto é, aquele que nasceu onde mora).

E olhe só mais essa: usava-se *ethnos* com um sentido quase contrário à palavra *polis*, que queria dizer cidade. Para o olhar grego, *polis* era o mundo organizado. Os de fora, os outros, eram os bagunçados. Então, se o termo *etnia* vem de *ethnos*, pode-se perguntar: ele indicava apenas uma oposição em relação à *polis* ou era também uma desqualificação? Por acaso quem não era da *polis* tinha menos qualidades?

(Uhmmmm... *Polis*... Estranha, essa palavrinha. E tudo isso está me parecendo muito difícil. Preciso descobrir mais.)

O que é, afinal, uma etnia?

Ina Kiluba era uma menina que se tornou chefe de um reino africano chamado Basanga. Ela era parente do príncipe Kibinda, do reino de Luba. O povo basanga tinha vizinhos que habitavam outros reinos, que tinham outros nomes: Bakinda, Baushi, Baluba... Mesmo com as diferenças que havia entre eles, todos se diziam povos *sangas*.

A cada uma dessas diferentes sociedades os ocidentais chamam de etnia. E todas elas podem ser encontradas, por exemplo, num único país chamado Zaire. Os países, portanto, podem estar preenchidos com muitas etnias.

E, dá para imaginar, cada etnia troca histórias com outras etnias. O mais gostoso é desembrulhar o tempo e ver as mesmas histórias, de um mesmo lugar, construídas com pedaços diferentes. É a mesma, mas é diferente. E, lá na África, são milhares de africanidades em forma de contos de épocas incontáveis. E todas podem ser contadas outra vez.

Como são tantas, acho melhor começar pelo começo. Ou pela primeira história. Ou pela história do princípio. Que tal as que narram a criação do mundo?

Sabe como o mundo foi criado pelos africanos? Ou como os africanos foram criados pelo mundo? Ou como a criação criou o mundo africano? Ou como muitos africanos criaram as histórias da criação do mundo?

Foi de conto em conto que se criou a Criação. Os shilluks, por exemplo, que são povos pastores, criadores de gado, contam que o mundo surgiu de uma gota de leite. Acho que eles já conheciam a Via Láctea, que também tem a ver com o leite. Veja no mapa onde eles estão.

E T N I A S

DOGON

BAMBARA

FON • IORUBA

SHILLUK

OCEANO ATLÂNTICO

BANTO

OCEANO ÍNDICO

NDEBELE

Agora procure os bambaras, que também contam histórias muito bonitas. Eles dizem que primeiro havia Glan, que era a vida e o movimento do universo. Glan então enrolou-se em espirais de sentidos inversos. Dessa enrolação surgiu o espírito Yo, que rodopiou em todas as direções, criando o mundo atual, o mundo passado e o mundo futuro.

Então os tempos vibraram e a Terra nasceu, e fez nascer os espíritos da terra. Faro, um deles, construiu o céu. Em seguida, caiu sobre a terra em forma de água, trazendo as ervas, os escorpiões, certos peixes, os crocodilos e outros animais aquáticos. Para os bambaras, os primeiros homens eram aquáticos. Deles nasceram os pescadores, que foram os primeiros humanos terrestres.

Faro, aquele espírito da terra, é quem toca lenta e compassadamente as águas, que um dia afundarão a Terra para dar lugar ao mundo futuro. Mas, de tempos em tempos, ele se transforma em espiral para vigiar o mundo. Muitas vezes fica nas espirais das coroas de oito espiros, reservadas aos reis. Por isso, em alguns lugares africanos as coroas são como esta desenhada ao lado.

Os dogons, outra etnia, contam que foi Amma quem criou as estrelas e depois jogou no espaço muitas bolotas de terra. Em duas delas havia cobre: uma continha cobre vermelho, outra continha cobre branco — são o sol e a lua. As pessoas negras são aquelas que nasceram sob o sol, as brancas são as que nasceram sob a lua.

Também se diz que o mundo vai sendo construído por um tapeceiro e por um tocador de harpa. O tecelão tece a palavra no pano pelo vaivém do tear. E o tocador de harpa tece os sons ao longo das cordas de seu instrumento.

Essas narrativas cheias de poesia são conhecimentos que contam sobre a criação do mundo: sabedoria sob o céu de estrelas africanas.

E são muitas Áfricas! E todas elas muito coloridas.

Porém, descobri um povo africano que talvez seja o mais colorido de todos na construção de seu espaço na Terra. São os ndebeles, que pintam as paredes de suas casas com desenhos geométricos. A toda hora eles pintam e despintam cada parede, para inventar novas pinturas. Os mesmos desenhos que estão nas paredes eles pintam nos muros das casas, no chão e até nas propagandas de Coca-Cola (que também tem lá).

E cada lugar continua trocando ideias, trançando tempos nas muitas histórias que os africanos têm para contar.

Mas a história mais legal sobre a África é sobre os seus contadores de histórias, que não escrevem nenhuma delas: guardam todas na memória e depois recontam. Eles aprendem essa arte desde pequenos, com os mestres, e acompanham os feitos das famílias, dos reis, aumentando e enriquecendo a história de todos os seus antepassados. Uma história que as pessoas aprendem a conhecer assim: ouvindo histórias.

Imagine só o tamanho da memória dos contadores! (Quantos megas deve ter?) Por isso a palavra tem uma dimensão sagrada: é através da fala que o mundo continua a existir no presente.

Aprendi sobre os contadores numa tarde em que o tempo mudou de repente. Eu estava sentada numa cadeira de balanço, quase dormindo, quando uma batida me assustou. Era a janela grande que batia tão forte, e eu levantei depressa, no susto, quase sem fôlego, para evitar que o vidro quebrasse. Como a cortina, eu quase voava naquela ventania, que também jogava folhinhas de plantas para dentro da sala, da casa, de mim...

E foi nesse instante que, lá do alto de uma estante da biblioteca do meu pai, saltou uma revista que ficou pulando pelo chão, virando suas folhas também. Meu coração batia forte, igual ao mundo naquele momento. Mas, tão de repente como tinha vindo, o vento foi sossegando, o ar foi ficando misturado com um leve perfume. A revista antiga foi o que sobrou

• IORUBA

• GURO
• WAN
• MALINKE

no chão, aberta na imagem de um músico tocando um instrumento, dançando e cantando.

Era um *griot* o que o vento me trouxe. E ele parecia vibrar tanto que eu parei olhando aquele cenário — olhando tanto, tanto que ele virou tridimensional. Ele olhava para mim, e eu quase escutava e sentia o calor daquele mundo. Foi o *griot* que entrou no meu mundo ou fui eu que entrei no mundo dele?

Aprendi então que *griot* é como os franceses chamaram os *diélis*, que é o nome bambara para esses contadores de histórias. Os *diélis* são poetas e músicos. Conhecem as muitas línguas da região e viajam pelas aldeias, escutando relatos e recontando a história das famílias como um conhecimento vivo. *Diéli* quer dizer *sangue*, e a circulação do sangue é a própria vida. A força vital.

Certa vez, um *griot* (um *diéli*) encontrou-se com um doma, que é o mais nobre dos transmissores de histórias. Ele não pode mentir nunca. O doma sempre harmoniza e põe ordem em volta. Se mentisse, perderia essa capacidade. Quem falta à própria palavra, eles dizem, mata sua pessoa civil, religiosa e oculta, afasta-se de si mesmo e da sociedade. A verdade é uma força vital interior cuja harmonia é perturbada pela mentira. E o doma cantou para o *griot*:

A palavra é divinamente exata e deve-se ser exato com ela.
A língua que falseia a palavra
Vicia o sangue daquele que mente.
Quem estraga sua palavra estraga a si mesmo.

2

O roubo do tesouro

Mas de qual África as pessoas negras descendem? E eu? Mesmo depois que cresci, não descobri. Mas aprendi que para o Brasil vieram povos principalmente de alguns pontos africanos. Ou melhor, de portos africanos. Isso há muito tempo. E, se é de lá que vieram muitas pessoas negras, o meu passado deve ter vindo junto.

Pode ter sido mais ou menos assim:

Era uma vez um jovenzinho que chegou com muitos outros na Bahia. Ele havia nascido no reino ioruba, na África. Ifé, onde ele morava, era a maior cidade ioruba e um importante centro de produção de vidro. A cidade dos vidros azuis! Era famosa por sua produção de contas de vidro azuis — akori —, e o pai dele era um dos que comerciavam essas contas por todo o oeste africano. E o jovenzinho ajudava.

Acontece que ele queria ser escultor — só que naquele lugar os artesãos escultores geralmente eram da mesma família. Vinham dessas casas tradicionais os artistas encarregados de esculpir na madeira os objetos que se tornavam sagrados. A cidade de Ifé era também um avançado centro artístico desde muito tempo, pois lá foram encontradas esculturas de bronze feitas mais de mil anos antes de Cristo. Mas a família do jovenzinho não era de escultores.

Então, um dia ele foi apanhar a madeira de uma árvore sagrada para entalhar uma divindade. Andou longe, muito longe... tão longe que ficou cansado. Sentou um pouco e de repente... cavalos foram cercando o lugar, com ladrões armados até os dentes. Caçado, ele foi amarrado junto a outros homens também capturados por outros caminhos. Foi levado embora.

Depois disso, pensou em muitos jeitos de fugir daquela situação. Teve que lutar muito, conseguiu escapar muitas vezes, voltou a ser preso outras tantas, até que um dia... acordou na Bahia.

Mas eu nasci tão longe da Bahia... Será que meus parentes africanos foram mesmo os que chegaram lá? Lia, minha amiga leitora, disse-me que encontraram na Bahia testamentos deixados por pessoas negras nos séculos passados, nos quais foram registrados os nomes de seus pais e de outros parentes que ficaram na África.

No entanto, foram desembarcados na Bahia não apenas iorubas, mas também bantos. Estes, porém, chegaram sobretudo no Rio de Janeiro, outro porto de entrada dos africanos.

Ntu quer dizer "ser humano" e *ba* é o prefixo que indica plural. Como algumas etnias dessa região da África Central usavam a forma *ntu* na sua língua, então os estrangeiros imaginaram que todos eram um só povo. Mas eram centenas de etnias, e bem diferentes entre si.

Esses ntus, quer dizer, esses seres humanos, antes de virem para cá construíam suas casas, brincavam, estudavam e aprendiam, nadavam nos seus rios, dançavam ao som de seus instrumentos musicais, faziam suas panelas e suas comidas, seus penteados, seus enfeites, seus filhos e suas famílias.

O Maranhão também foi outra rota por onde chegaram principalmente africanos da etnia *fon*, um império poderoso que se igualava ao seu vizinho, o reino ioruba. E foi entre eles que aconteceu uma guerra que durou duzentos anos.

Guerra é o que nunca faltou em nenhum mundo, nem entre os chineses, nem no mundo asteca, nem entre os ianomâmis. Das compridas, tem a Guerra dos Cem Anos da França e uma que durou setecentos anos na Espanha; a Alemanha teve uma de trinta anos; católicos e protestantes lutaram por duzentos anos na região da Suécia e da Dinamarca.

Na África aconteceram guerras também, e lugar onde não há paz fica frágil, vulnerável.

Lembra de minha amiga Lia? Ela viajou muito, pesquisando, descobrindo informações que nunca tinham sido escritas em livro

nenhum. E, no meio de uma paixão pela África, ela se casou com um africano africanista (isto é, alguém que estuda as coisas da África). E a gente passou a conversar mais ainda sobre as histórias africanas. E quem escreve um livro conversa com muitos outros livros. E, lendo pilhas de folhas de muitas obras que vão interpretando essas guerras, fica difícil puxar o fio dessa história.

Hummm... Acho que tudo começou com o deserto do Saara, que primeiro era verdinho e que depois secou todinho, sobrando no lugar alguns oásis.

Uma mocinha muito linda morava num oásis muito fértil, onde havia um lago vermelho e muita vegetação, tudo em pleno deserto. Ela adorava viajar de camelo na caravana de seu pai, visitando algumas amigas que moravam num outro oásis bem longe do seu. Raras eram essas viagens, pois só aconteciam quando era necessário comprar, vender ou trocar produtos. Sempre foi assim entre eles, e os longos anos formaram um comércio chamado transaariano (isto é, através da região do Saara).

Mas também apareciam povos nômades que vinham do Oriente, trazendo mercadorias não apenas para esses paraísos, mas também para os impérios fora e em torno do deserto. Nessas rotas eles comerciavam lã, vidro, metais etc., e a mocinha até gostava muito de tudo isso. Mas seu pai sempre mandava

que ela se escondesse quando eles eram avistados ao longe. Todos tinham muito medo, pois alguns eram guerreiros assustadores e não propriamente mercadores.

Eles vinham ou iam em longas jornadas, querendo trocar os produtos por ouro. Quando os impérios não possuíam ouro, então trocavam por pessoas, o que se tornou o negócio mais precioso. Quase sempre procuravam mocinhas bonitas, para vendê-las em haréns do Oriente. Mas quando começou tudo isso?

O tráfico de gente existe desde a história antiga do nosso mundo. Olhe só isso: os gauleses capturavam pessoas na região onde hoje é a Inglaterra e vendiam-nas aos romanos. E aí vinham os vikings, que capturavam essas e mais outras e as vendiam em outro lugar. Muçulmanos e cristãos se capturaram mutuamente por séculos. Aliás, a religião sempre fez parte desse jogo bélico entre os povos.

Na África dos faraós, há menos de 2 mil anos... (Quando foi mesmo o ano zero? E ano zero para quem?), conta-se que eles enviavam expedições militares para capturar mulheres e homens, tornando-se fornecedores desse tesouro para outros lugares. Roubavam também crianças. A mocinha do oásis tinha um priminho que havia sido roubado e até castrado e, assim como ele, muitos meninos eram exportados para serem eunucos nas cortes.

O pavor era tanto que as populações roubavam crianças de outros povos para entregá-las quando os agressores chegassem, salvando assim as suas. Então, o roubo de crianças uns dos outros alastrou-se, bem como o de mulheres e homens, que eram negociados com esses mercadores.

Mas imagine quanta briga isso não deu. Grupos em conflito prendiam os vencidos, tornando-os seus cativos. E foram esses cativos que passaram a ser trocados. Ou seja, nas rotas comerciais africanas, havia quem capturava e quem vinha buscar os cativos para vendê-los mais longe. E quem capturava ia cada vez mais distante. Ninguém pegava parente ou vizinhos amigos, pois estes eram necessários para formar a rede de defesa contra os ataques.

Governantes juntavam-se em grupos, tornando-se mais poderosos. Eram as confederações africanas, que disputavam o poder com os outros poderes em luta na região. Tinha o mercado de gente, o mercado de marfim, o mercado de ouro, e esses mercados dividiam e uniam as etnias. Muitas delas diminuíam ou cresciam conforme os acertos de suas lideranças. Islâmicos fundavam núcleos nas diferentes regiões, verdadeiros exércitos que, com armas poderosas, ofereciam proteção em troca de pessoas que se convertessem para a sua religião. Eles podiam selecionar os que seriam escravizados ou não, pois eram os principais mercadores.

E dessas muitas etnias vários grupos de pessoas foram negociados, até que se iniciou o tráfico pelo oceano Atlântico.

O tráfico de seres humanos desde o transaariano foi a base a partir da qual cresceu o tráfico transatlântico, criado não só para atender aos interesses europeus nas terras do Novo Mundo, do outro lado do oceano, mas também como resultado dos grandes negócios que os europeus tinham no continente africano. Só que esse segundo tráfico acabou sendo bem pior, por envolver uma quantidade muito maior de pessoas. Eram milhares de escravizados que se multiplicaram com o tempo — e muitos traficantes ficaram milionários nesse negócio.

Os navegadores portugueses, por exemplo, entraram numa página desse tempo chamada descobrimento. Li que trocavam barras de ferro por pessoas num lugar e em seguida as trocavam por ouro. Era a incrível transformação do ferro em ouro. Os escravizados eram embarcados em navios e mandados para outros lugares do mundo — incluindo o Brasil —, em navios que tinham geralmente nomes de santos católicos.

Índios: foi este o nome dado aos indígenas do continente americano, pois os europeus acharam a princípio que haviam chegado à Índia, uma parte do mundo que eles já conheciam. Só que cada nação indígena já tinha um outro nome. Na invasão do continente, muitos nativos também foram escravizados e mortos, e uma das justificativas para esse ato era dizer que eles eram pagãos, isto é, que não haviam sido batizados conforme os ritos católicos, a mesma desculpa usada nos ataques pelas costas africanas com os indígenas de lá.

Um navegante português daquela época poderia ter escrito em seu diário algo mais ou menos assim:

Avistamos o continente e foi muito difícil desembarcar por causa dos recifes. A travessia foi um inferno com muito tempo de enjoo, estando toda a tripulação cansada, fraca, suja, morrendo de fome. Logo que tocamos a praia, um monte de gente forte, armada e em número muito maior nos atacou. Tivemos que voltar ao navio e só hoje, dois meses depois, conseguimos uma primeira negociação. Vamos trocar algumas armas por água.

Então os invasores, quando conseguiam desembarcar, tinham que conseguir ficar na terra. E por que os nativos africanos não matavam todos eles e ficavam com suas armas?

A sedução nessa histórica negociação era oferecer armas de fogo, pólvora, cavalos etc., bens que os chefes nativos desejaram para suas defesas. Foram convencidos de que havia muito mais para ser trazido, porém tiveram que pagar cada vez mais caro pela mercadoria.

O pagamento foi permitir que os invasores entrassem na terra e se instalassem ali, e logo então estavam trocando a ajuda na construção de fortalezas por canhões. Chegavam navios cheios de tudo. Até que, depois, como pagamento começaram a negociar gente.

Os invasores ganhavam com a venda de armas para os muitos grupos locais e com a estimulação dos conflitos — o que resultava em muitos prisioneiros de guerra —, e foram os prisioneiros de guerra, considerados inimigos, os primeiros a serem trocados e enviados para o Brasil.

Os reis europeus mandavam roubar cada vez mais gente, pois precisavam de muitos braços para trabalhar nas outras terras que também tinham invadido, espalhadas por toda a América.

Os navios saíam abarrotados da África, cheios de pessoas que eram compradas ali e vendidas em outro lugar.

Durante a travessia, alguns dos apanhados conseguiam se jogar no mar: era preferível escolher morrer a viver escravizado. Outros eram atirados do navio, porque tinham ficado doentes. Até de tristeza eles morriam — uma tristeza chamada *banzo*, que era a falta que sentiam de sua terra, de sua casa. Depois do desembarque, alguns comiam terra até morrer, e muitos morreram de tanto trabalhar. E era só lutar para não serem escravizados, era só resistir que morriam de apanhar de chicote e outros instrumentos piores.

No Brasil, alguns escravizados conseguiram fugir e criaram os quilombos, lugares onde podiam recuperar o fôlego.

Eram espaços de acesso dificílimo, afastados das cidades e das fazendas. Ali eles tentavam organizar a libertação de outros escravizados, para que voltassem a ser pessoas com direitos.

Às vezes as nações quilombolas associavam-se com nações indígenas nessa luta. Ambos conheciam melhor o território para as estratégias de defesa. Entretanto o organismo dos nativos americanos desconhecia doenças trazidas pelos estrangeiros. Uma gripe podia virar pandemia, contaminando aldeias inteiras. Com muitas mortes repentinas, ficava fácil para o invasor ocupar as terras indígenas. E quem sobrava podia ser escravizado.

Viver de escravizar pessoas foi uma prática que se prolongou por anos, e até hoje os povos sofrem as consequências dessa história. Para mim, o pior de tudo é lembrar que alguma pessoa do meu passado teve que passar por isso. (Mas pior ainda seria imaginar que alguém da minha família roubou e escravizou outra pessoa e ganhou dinheiro com essa atividade...)

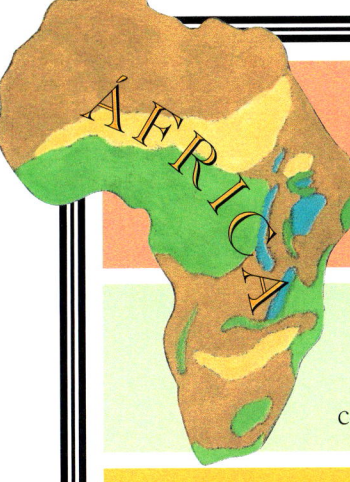

ÁFRICA

• QUANDO VIERAM?

Desde a metade do século XVI até o ano de 1850, data oficial da abolição do tráfico. Depois disso instalou-se o tráfico clandestino.

• QUANTOS VIERAM?

Nove milhões e meio para a América e cerca de 3,6 milhões para o Brasil.

• PARA ONDE VIERAM?

No Brasil, em especial para a Bahia, Rio de Janeiro, Maranhão e Pernambuco.

• DE ONDE VIERAM?

Podiam embarcar de portos destas regiões:
- Guiné, desde a segunda metade do século XVI;
- Angola e Congo, no século XVIII;
- Costa da Mina, durante os três primeiros quartos do século XVIII;
- Benim, no século XIX.

• QUEM VEIO?

Existem livros oficiais dos séculos passados que registram quem é que veio para o Brasil; neles encontram-se nomeadas algumas possíveis origens. Por exemplo: Moçambique, Cabinda, Angola, Congo, São Tomé, Haussá, Tapa, Mina, Guiné. Às vezes era a suposta etnia que identificava o escravizado. Por exemplo: nagô, ioruba, jeje (da etnia fon).

• QUEM ERAM OS PRINCIPAIS TRAFICANTES TRANSATLÂNTICOS?

Os traficantes portugueses dominaram sozinhos no início, sendo Cabo Verde um centro do tráfico entre os continentes. Traficantes franceses e ingleses formaram outros centros importantes, como o de Gâmbia. Por algum tempo os holandeses desalojaram os portugueses do forte de São Jorge, tornando-se os traficantes nesse e em outros postos.

3

São direitos
ou
estão tortos?

Sabe o que é ser escravizado e ter alguém mandando em você o tempo todo? E por trezentos anos? Foi assim no Brasil, o lugar onde mais tempo durou a escravização de africanos homens, mulheres e, pior de tudo, de crianças.

Mas uma confusão que costuma acontecer é imaginar que todas as pessoas negras trabalhavam como escravizadas. Nesse tempão todo, algumas puderam pôr em prática as estratégias de libertação e conseguiram libertar a si mesmas e tornar livres seus filhos e netos.

Estevão era um menino negro que passeava pelas ruas do Rio de Janeiro no ano de 1864. Seus pais haviam morrido quando ele era muito pequeno, numa fuga, pois eram pessoas escravizadas. Ele então foi criado por uma amiga de sua mãe que era livre. E lá ia ele pela rua da Constituição — tinha que comprar linha para ela, que era costureira de primeira.

Dobrou depois a rua da Boa Viagem só para ver Maria, que ele amava. Mas ela gostava de um menino que morava na rua dos Ourives. Um dia ainda iria conquistá-la, declarando-se publicamente bem no meio do Campo da Aclamação. Achou melhor ficar longe dessa ideia e foi para a rua do Oriente. Caiu na rua do Valongo, que era de arrepiar: ali ficava o maior mercado de gente da cidade. Mas, ao contrário de outros meninos, Estevão não tinha medo de passar por ali.

Às vezes ele ficava pensando como poderia libertar todo o mundo. Precisaria observar, guardar tudo na cabeça. Subiria no telhado, entraria por uma janelinha que tinha lá em cima e... pegaria a chave do guarda, que estaria dormindo; devagarinho soltaria um a um e todos então ajudariam a atacar os outros guardas.

Pensando assim, percebeu-se caminhando na rua da Guarda Velha. Atravessou-a ressabiado e deu de cara com a rua do General Câmara. Quebrou outra esquina e caiu na rua do Cárcere. Não gostou da sequência e resolveu entrar na igreja. O pároco ensaiava uma peça musical de um grande compositor e organista, o padre José Maurício Nunes Garcia, que havia sido mestre de música da capela real e tinha morrido fazia uns trinta anos. Estevão já vira uma pintura que retratava o artista negro. E, enquanto escutava sua música maravilhosa, imaginava se poderia ter tanto sucesso quanto ele.

Uma pausa do órgão quebrou seu sonho. Sabia que teria que brigar muito para conseguir ser importante. Tinha mesmo era que libertar todo o mundo primeiro. Lembrou-se de Maria. Ela iria preferir o esquema das alforrias, no qual muitas pessoas negras se associavam para conseguir juntar dinheiro e, assim, poder comprar a carta que tornava livre um escravizado.

O menino deixou o lugar santo e correu para a rua do Ouvidor, porque já ouvia o berimbau ao longe. O que gostaria mesmo era de aprender capoeira e entrar na roda. Aqueles sim eram guerreiros: rodopiavam no ar e venciam com dupla sabedoria — a dos golpes e a do humor. Com ginga disfarçavam a arma — que era o corpo —, e a luta parecia uma dança. E então, rápidos como a justiça de Xangô, derrubavam o orgulho de muitos tiranos.

Estevão ficou ali por um bom tempo, até o sino da Candelária repicar e ele lembrar que tinha que ir correndo para a escola. Já era o meio do dia e ele ainda teria que almoçar e se arrumar todo. Hoje era um dia muito importante. Será que ele iria ser premiado? É que ele era aluno da Academia Imperial de Belas-Artes, onde todo ano os melhores alunos recebiam medalhas do imperador. E ele tinha chance, pois era um ótimo aluno em todas as matérias.

Nem todos os meninos negros viveram como Estevão. Escravizados ou livres, porém, todos lidaram com enredos para ampliar seu espaço de vida, cerceado pela sociedade violenta.

Alguns brasileiros negros, apesar do tempo cruel, foram geniais — como o escritor Machado de Assis e o artista Aleijadinho, só para começar a lista.

Muitos viraram nome de rua, como o geógrafo, cartógrafo, urbanista, arquiteto, historiador, sociólogo, literato, tupinólogo e político Teodoro Sampaio. Ou como Cruz e Sousa, poeta de grande sensibilidade. Ou políticos como a gaúcha Luciana de Abreu, que discursava defendendo os direitos das

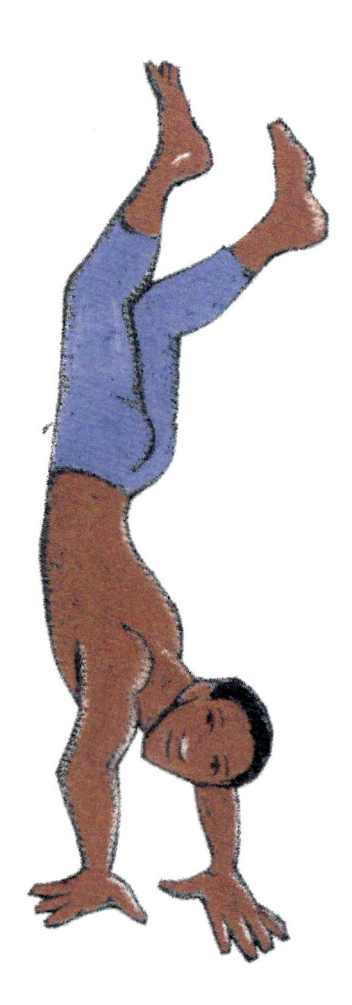

mulheres, e isso no século XIX. Outro que também brigou por uma maior cidadania no século passado foi o líder da Revolta da Chibata, o marinheiro João Cândido. São muitos e muitos, mesmo nos dias de hoje, e seria preciso escrever uma montanha de livros contando suas histórias.

Mas quem não virou nome de rua pode ser que tenha acabado morando nas ruas. Depois de trezentos e tantos anos escravizados, finalmente uma lei os libertou — mas não cuidou deles. É como se tivesse havido uma guerra e depois ninguém tivesse cuidado dos feridos. Quem estava em melhores condições, sobreviveu melhor; quem estava muito machucado, sobreviveu com maior dificuldade.

4

Historietas da Preta

A AMIGA TRANSPARENTE

Eu tinha uma amiga de olhos clarinhos que de tão frágil e tão branca quase parecia transparente! Por causa dessa diferença, um dia me olhei no espelho e vi meu rosto negro, meus lábios vermelhos, minha pintinha preta, meus olhos mais pretos ainda. Olhei para dentro de mim para ver se via minha pele por dentro. Olhei, olhei, até que um dia virei do avesso. E depois desvirei!

UM JEITO DE OLHAR

Chegou na escola um menino de olho azul. Quando os olhos azuis passavam pelo corredor, só se viam todos os olhos negros e castanhos olhando para ele.

E todo o mundo queria, por um instante, ter aqueles olhos azuis.

Aí, me lembrei de um amigo de olhos negros que se mudou para uma terra onde todo o mundo tem olho claro. Quando seus olhos negros passeavam pelos corredores de lá, um monte de olhos azuis ficava olhando e querendo os olhos dele.

O MENINO JAPONÊS

Eu tenho uma amiga japonesa que na verdade é brasileira sansei, pois nasceu no Brasil e é só *neta* de japoneses. Ela me contou outro dia que seu filho sofria com o racismo na escola. O pessoal cobrava muito dele: todo o mundo achava que ele tinha que ser o mais inteligente da classe... só porque era "japonês".

OS INVISÍVEIS

Como é o *ser negro* que aprendi na escola? Lembro do retrato de um homem amarrado, a calça abaixada, apanhando num tronco. Essa era uma imagem que aparecia repetidamente nos livros escolares. Por que mostravam sempre a mesma figura negra totalmente dominada?

Nunca aparecia de outra forma. Era um retrato congelado. Existem muitas outras histórias construídas pelos negros, mas, como elas não aparecem nunca, na prática são invisíveis: é como se nem existissem.

E nas historinhas infantis, então? O único personagem de que me lembro é o Gato Félix, que é um gato preto. Nunca encontrei personagens negros fazendo papel principal num enredo de amor ou numa aventura. Nas poucas histórias em que eles ganham destaque, são pobres e tristes, na melhor das hipóteses. E na televisão, nos cartazes do shopping, nas revistas, a regra é esta: quando aparece a imagem de uma pessoa bem-sucedida, bonita, charmosa e competente, essa pessoa *não* é negra...

O DICIONÁRIO

Entrei na biblioteca e abri o dicionário do Aurélio. Procurei a palavra *negro* e entre os seus significados estavam estes: "sujo, encardido", "triste", "maldito". Mais embaixo vinha *negrura*, palavra que podia ser associada à ideia de crueldade, perversidade, ruindade, falta, erro, culpa.

Saí da sala achando que ser negro não era muito bom não.

Passei pela secretaria e uma moça falava em tom de desespero: "A coisa está preta!". Pensei então: "Assim eu não vou querer ser nem negra nem preta".

Mas aí me empinei toda e fui perguntar à professora se não estava errado o dicionário e as pessoas falarem que o escuro é ruim. A professora também era escura e disse: "É preciso prestar atenção à semântica! Ela é uma prática para justificar a superioridade de uma população sobre outra, desprezando-a cotidianamente em pequenas fórmulas de associações negativas".

Com o tempo, entendi também que o dia só existe se existe a noite. E que os dois são iguais. Sombra é bom quando tem muita luz e luz é bom quando está muito escuro. O petróleo é negro e não é sujo, o carvão é preto e faz fumaça branca, e eu pensei em tantos opostos que se equilibram que... deu um branco na minha cabeça!

NO MEIO DO MUNDO

Tive uma professora que pedia que a gente tivesse um mapa-múndi no nosso quarto. Só que ela queria que prendêssemos o mapa de cabeça para baixo na parede, e que imaginássemos o mundo diferente. Quem estava em cima ficava embaixo e quem estava embaixo ficava em cima.

Eu adorava olhar aquele mapa, achando que tudo ficava invertido. Até que um dia eu descobri que quem ficava no meio continuava ali, sempre no meio, e eu não aguentei. Pus o mapa de lado mas não adiantava: o meio era sempre o meio. Pus no teto do quarto e nada. Meu pai me comprou um globo redondo — e sempre tinha um meio que nunca saía do lugar.

Acho que foi assim que descobri que o meio é... o equilíbrio do mundo. E que todas as partes do mundo dão equilíbrio ao meio. E que é no equilíbrio que todo o mundo fica igual.

OS BRANCOS

Certa vez, quando trabalhei entre o povo pataxó na Bahia, sentei numa roda com mais dois amigos e escutei algumas queixas dos pataxós, que diziam: "Vocês, brancos...".

Soou engraçado, pois eu e meus amigos éramos todos negros. Percebi que aquele era um jeito indígena de tratar não indígenas sem distinção, sem criar diferenças entre uns e outros — mas que ficou engraçado, ficou.

Maria é uma menina que mora na periferia de São Paulo; Rosa é outra menina e mora num bairro chique da cidade.

As duas são negras e já receberam algum apelido humilhante nas suas respectivas escolas. Numa delas a professora até sabia que isso não era certo, mas não sabia muito bem o que fazer, e então fingiu que não estava vendo nada. Outra vez, uma das professoras disse assim: "Vai, menina, inventa um apelido pior!". Mas a pior reação foi quando a professora deu risada do apelido, humilhando mais ainda a menina.

Quem já recebeu algum apelido de que não gostou?

IDEIAS TÊM LÍNGUA?

Um dia, saí perguntando:
— Tem raça de cavalo? Tem raça de boi, de vaca? Tem raça de peixinho? E pessoas podem ser separadas por raça?

Pois é, igual jogo de memória, sempre reparo no costume de juntar os mais parecidos pra cá e os mais diferentes pra lá. Mas eu sei que os mais sabidos nesse assunto sabem e provam que não existe raça de gente, assim como ocorre com outros animais. Porém a ideia mesmo errada continua na imaginação e em conversas que ouço por aí. E isso não seria um problema, caso não virasse motivo para atormentar a vida de uns e facilitar a de outros. Parece um jogo com intenções (péssimas, aliás) de manter o controle por conta de padrões de aparência. Então, não estamos mais falando de *raça*, e sim de *racismo*. E a língua pode ser a maior espalhadora de racismos na nossa rotina. Ela influencia as atitudes na escola, o jeito como os tipos humanos aparecem nos filmes a que assistimos, nos livros que lemos, na TV, na propaganda. A cabeça fica cheia dessas imagens interferindo na hora de conseguir um emprego melhor, uma promoção na carreira e, sem perceber, até na escolha de com quem se casar. É como a perturbação que sempre tenta manter a população negra do lado de fora da festa. E o que fazer para virar esse jogo? Oras, pensamento também tem sabor. Se tem o gosto por um tipo de padrão físico de pessoas, não seria melhor pensar no tipo de mundo a preferir?

EQUILIBRANDO CIDADANIAS

E junto com o preconceito racial está a desigualdade quanto aos direitos civis ou direitos de cidadania. No Brasil, o modo mais comum de dizer que não há diferença de direitos é afirmar que aqui todo o mundo é igual, ou seja, que os direitos civis estão garantidos igualmente para todos. Mas nós sabemos que não é bem assim, não é mesmo?

Então, às vezes é muito importante afirmar uma diferença: serve para mostrar que alguns estão conseguindo usar mais direitos do que outros... Só tem sentido nos colocarmos como diferentes para demonstrar que existem diferenças no tratamento recebido. E, se temos menos direitos, é preciso lutar por uma igualdade civil.

A população negra, se tem uma de suas origens na África, renasceu muitas vezes brasileira; assumiu a terra e cuidou dela, sem perder o orgulho de seu passado.

Apesar desse esforço, são muitas as crianças negras que até hoje estão nas piores escolas, ou recebem o maior número de expulsões, ou moram nas piores casas, ou recebem a pior comida, as piores roupas, os piores brinquedos. E não é natural ser assim. Todos querem poder ter e fazer tudo o que é bom. Ser respeitado na sua dignidade de ser humano, decidindo igual. Por isso, surge o que chamamos de movimento negro, grupos de pessoas que cultivam ideias e praticam ações para melhorar os direitos civis nas casas, nas ruas, no globo todo.

Uma sociedade desenvolvida é aquela que cuida para que todos combinem o que é melhor para todos. As pessoas com deficiência física, por exemplo, ganham em qualidade de vida quando as prefeituras rebaixam a calçada nos cruzamentos, pois assim elas conseguem se locomover melhor. Não é justo?

Mas na história das pessoas negras, assim como na história de outros grupos, o descaso e a violência continuam presentes, o que entorta muitos de seus direitos.

5

Histórias do candomblé

Era de tardinha para o anoitecer quando entrei num corredor comprido naquela casa toda branca e com uma bandeirinha no telhado. Dentro do pátio, pelos cantos, algumas mesas carregadas de frutas coloridas, abacaxis, maçãs, peras vermelhas e verdes, uvas de todas as cores, bananas, laranjas, moranguinhos... arrumadas em meio a algumas flores bem frescas e folhagens exuberantes. A brisa da tardinha misturava muitos perfumes.

O pátio estava lotado. As pessoas batiam palmas ritmadas, acompanhando o som dos três atabaques que vinha lá do fundo do quintal. Meu corpo queria começar um movimento dançante que acompanhasse aquela música. Tinha uma letra que eu não entendia muito, mas que foi crescendo na voz de um grupo de mulheres que foram para o centro do lugar, formando uma roda. Elas dançavam e cantavam e vestiam roupas rendadas impecavelmente brancas.

Havia também alguns homens na roda, mas nenhum deles se comparava ao que entrou sozinho. Alto, magro, ágil, com gestos rápidos seguia os passos da cantoria e foi chegando perto. As pessoas beijavam sua mão, que no gesto seguinte parecia abençoar a todos. Foi se aproximando e meus olhos entraram nos dele, e uma emoção brotou, jorrando um amor profundo. Era uma festa de caboclo.

Esse dia era também o do meu aniversário, e foi assim, como um presente dos céus, que conheci o candomblé.

Os africanos, quando vieram para o Brasil, trouxeram sua religiosidade. E a festa de caboclo é uma festa religiosa. Conta-se nos candomblés que ela foi criada para reverenciar os habitantes nativos da terra, lembrados por meio dos detalhes das vestes do caboclo que comanda essa festa.

A festa foi como uma flecha que me atirou para dentro de um mundo desconhecido. Até crescer, eu havia estudado em escolas de freiras católicas, e, geralmente, quando se é criado numa religião, aprende-se a evitar as outras.

Das religiões de origem africana sempre me chegavam informações muito preconceituosas. Sempre punham medo na gente. Depois aprendi que os povos negros assustavam todo o mundo de propósito, pois esse era um dos jeitos de fazer com que tivessem medo deles no tal de Novo Mundo. E assim eles se resguardavam, protegidos por esse medo que todo o mundo tinha deles.

Eu também tinha medo e nunca havia chegado perto dos batuques. Só depois dessa primeira festa é que fui a muitas outras festas de candomblé. Mas quem cresceu dentro dos candomblés conheceu muito antes a beleza desse modo de ver o mundo e a vida.

Nem todas as pessoas negras são adeptas do candomblé: elas podem ser protestantes, católicas, islâmicas, budistas. Existem negros judeus e de muitas outras religiões. Já ouvi dizer que o candomblé é uma religião que nem os próprios africanos conhecem, ou que só conheceram quando brasileiros a levaram para lá. É uma religião tecida no Brasil.

Os iorubas chamam suas divindades de orixás. E os candomblés brasileiros também cultuam os orixás. Já os fons chamam de voduns suas divindades, e entre os inúmeros bantos (que tanto desconhecemos) há os que chamam suas entidades espirituais de inquices.

A reza para os orixás se faz cantando e dançando, vestindo suas cores, alimentando-se de comidas abençoadas por eles. Para os iorubas, cada orixá é um espírito do mundo. Exu é o espírito do movimento. É ele quem faz com que tudo aconteça, pois sem movimento nada existe, nada acontece.

Conta um mito que Olodumaré, que é o deus ioruba, quis criar a Terra e deu um punhado dela, num saquinho, para Obatalá ir criá-la. Antes de ir, Obatalá teria que fazer a oferenda a Exu, pois sem movimento não há ação. Obatalá, que é muito velho, esqueceu e foi andando, andando devagarinho, e no caminho sentiu sede. Então viu uma árvore, dessas que têm água dentro, e parou, abriu a planta e bebeu. Só que era uma bebida que dava um pouco de tontura, e então ele deitou debaixo da árvore e acabou dormindo.

Enquanto isso, Odudua, que também queria criar a Terra, fez as oferendas a Exu e alcançou Obatalá. Vendo-o dormir, achou que ele iria se atrasar muito, pegou o saquinho e foi ele mesmo criar a Terra. E criou.

Obatalá acordou e viu a Terra criada, e foi reclamar para Olodumaré, que o ouviu e deu a ele barro, para que criasse os homens na Terra. Obatalá foi e criou os homens, mas de vez em quando tomava a bebida da árvore de que tinha gostado, e... não chegava a dormir, mas, meio tonto, fazia uns seres humanos meio tortinhos.

Muitas histórias da criação de vários lugares e tempos do mundo falam de homens criados do barro. Mas, que eu conheça, nenhuma fala dos tortinhos. Para os iorubas, os tortinhos são iguais aos não tortinhos, pois Obatalá não jogou nenhum fora: todos mereceram receber o sopro que lhes dava a vida. É uma forma de entender o mundo, conceder a todos a mesma importância, ainda que sejam diferentes entre si.

Cada orixá tem uma lenda que vai revelando como ele é. Também tem cores que o representam, e um elemento da natureza a que ele está associado. Sempre tem a comida de que ele mais gosta e as cantigas que são feitas para ele.

Oxum é uma divindade ligada à água. Água doce de rio. E são muitos tipos de oxum. É como se cada uma delas (oxum é do gênero feminino) tivesse as características de cada parte do rio. Tem o fundo calmo do rio, o agitado das ondas, o lugar onde o rio tem cachoeira e cai. Tem a nascente do rio. É, o rio tem mesmo muitos jeitos.

São muitos os orixás, e cada qual com muitos tipos. E eles são guardiões dos humanos, que foram feitos da mesma matéria que eles.

Oxumaré, por exemplo, é uma serpente que na criação andava pela terra e com suas ondulações criava espaço para os rios e as montanhas. Mas a serpente se transforma num arco-íris que liga céu e terra, e Oxumaré então pode ser os dois.

Eu queria ser feita da matéria do arco-íris.

Xangô é o trovão, e como o trovão é uma reação poderosa, ele é também a justiça.

Lá na Iorubalândia contam que havia muito mais orixás, só que deixaram de ser cultuados com a escravidão. Okô, por exemplo, a divindade da agricultura — pois que escravizado pediria que a colheita de seu terrível "dono" fosse abundante?

O culto a Xangô, a divindade da justiça, foi o que mais se fortaleceu por aqui. Nos candomblés se canta também para Oxóssi, que é das matas. Ogum, ao contrário, que abre as estradas com o metal, é das cidades. Iemanjá, do reino das águas do mar, é a mãe madura que nutre. E tem Nanã, a mais velha, dona da lama de onde vieram os homens: ela possui um cajado que define o tempo das pessoas; é a dona dos tempos. Ossain vive no centro das matas e é dona das ervas que curam. Obaluaiê dá e tira as doenças, é o dono delas. Iansã é dona dos ventos e das mudanças nos ambientes.

Os ibejis, divindades gêmeas que trazem a fartura, são o espírito multiplicador da sorte, da proteção, do amor, da criação etc. Como são muito poderosos, todos os gêmeos passaram a ser reverenciados na terra. Entre os iorubas, quando um deles morre sua mãe manda esculpir na madeira uma imagem que recebe o nome de *erê ibeji*. Toda semana as famílias fazem festa para os gêmeos e seus bonecos — e convidam as crianças que moram na vizinhança. Rodeados sempre de crianças, essas divindades são seus principais protetores. O lugar onde vivem são os jardins floridos mais bonitos que se encontram pelos caminhos.

Enfim, todas as casas de candomblé — ou ilês — têm um sacerdote ou sacerdotisa. Chamados pai de santo ou mãe de santo, são pessoas de grande influência sobre os que frequentam a casa, exatamente como os sacerdotes das igrejas católicas, das sinagogas, dos templos budistas, das mesquitas e dos demais centros de religiosidade.

Tive o privilégio de conhecer um ilê muito bonito. E acho até que consegui aprender bastante.

6

Diferente de ser igual

Pronto: ser diferente — que mistério é esse, ser diferente? Todo o mundo é? Ou todo o mundo é igual?

Tem gente que é igualzinha: os gêmeos univitelinos. Mas não inteirinha igual.

E tem gente parecida. Sempre tem alguém que diz que conhece uma pessoa muito parecida comigo.

Então tem os parecidos. E tem então os diferentes.

Mas os diferentes sempre têm seus parecidos, e então não são diferentes. São parecidos com os diferentes.

Quem são os mais diferentes? Depende de como eu sou.

Mas e se eu for muitos? Então vou ser parecida com muitos.

Mas sempre tem um que todo o mundo vai dizer que parece comigo.

Enfim, iguais e diferentes podem ser diferentes e iguais. A diferença enriquece a vida e a igualdade é um direito de todos. Somos iguais nos direitos à vida.

O FIM DA HISTÓRIA

É que essas histórias não têm fim. Daqui a pouco vou descobrir uma nova rua, atravessar uma avenida, sobrevoar uma cidade e conhecer uma nova história. Vou sentar e me lembrar de outra, vou escutar muitas e muitas outras...

SOBRE A AUTORA E A ILUSTRADORA

Nasci latina (em 1955) e carrego então uma afro-latinidade. Sou do Rio Grande do Sul, brasileira gaúcha de Porto Alegre. Depois dos nove anos cresci em São Paulo, quando meu pai foi transferido no trabalho. Fiz psicologia na Pontifícia Universidade Católica (PUC-SP) e ciências sociais na Universidade de São Paulo (USP), onde continuei com o mestrado em antropologia.

Sempre gostei de aprender com os livros e com os meus próprios olhos. Gosto de observar bichos, plantas e gente — e tudo o que está em volta deles. Mas o que me encanta mais são as crianças. Vivo rodeada delas e de Gabriel, o filho que cuidou do meu crescimento.

Já tive uma escola em São Paulo, junto com alguns amigos. Chamava-se Ibeji Casa-Escola. Funcionou primeiro no bairro de Vila Madalena e depois no Alto de Pinheiros. Foi uma experiência de prazer no trabalho para a qualidade educacional de uma nova geração — foi o projeto mais bonito de todos, no tempo mais saudável, com as pessoas certas e crianças encantadoras.

Também trabalhei com psicopedagogia. Durante alguns anos desenvolvi uma oficina de criação literária com crianças, num projeto da Secretaria de Estado da Criança. Atualmente escrevo livros infantojuvenis.

Minha sintonia torna-se mais sensível ainda quando penso nas crianças negras, lindas como todas e precisando de um carinho a mais desse mundo. É um direito delas ter espaços onde não se sintam constrangidas. E tomara que sejam todos! E é brincando que procuro inventar uma atmosfera de amor por onde passem meninas e meninos — iguais e diferentes de todos os outros meninos e meninas.

○ ◁▭► ○

Olá! Meu nome é Laurabeatriz. Sou carioca e nasci na beira-mar, escutando o barulho das ondas. Sempre gostei muito de desenhar, desde pequena, e até hoje continuo fazendo o que eu mais gosto. Cada vez que ilustro um livro, costumo pesquisar bastante e sempre aprendo um monte de coisas. Já participei de várias exposições com pinturas, desenhos e xilogravuras, ilustro também revistas e campanhas de publicidade, e já fiz críticas de cinema.